**제발돼라**

140만 구독자를 보유한 생물 관찰 크리에이터예요. 사마귀, 벌, 나비 같은 곤충부터 포유류와 양서류까지 우리 주변에서 볼 수 있는 다양한 생물을 관찰하는 재미있고 유익한 콘텐츠를 만들고 있답니다. 제발돼라를 상징하는 '친구가 되는 과정' 시리즈는 각 곤충에 대한 풍부한 정보를 담고 있어, 곤충 탐구 길라잡이로 손색이 없다는 평을 듣고 있어요. 이제 유튜브 채널을 넘어 도서를 통해 생물에 대한 무한한 관심과 애정, 그리고 지식을 대중에게 알리고자 해요.

초판 1쇄 인쇄 2024년 5월 17일
초판 1쇄 발행 2024년 5월 27일

발행인 심정섭
편집인 안예남
편집팀장 이주희
편집 김정현, 김이슬
제작 정승헌
브랜드마케팅 김지선, 하서빈
출판마케팅 홍성현, 경주현
디자인 design S

발행처 ㈜서울문화사
등록일 1988년 2월 16일
등록번호 제2-484
주소 서울시 용산구 새창로 221-19
전화 02-799-9184(편집) | 02-791-0752(출판마케팅)

사진출처 셔터스톡 46쪽, 47쪽, 90쪽, 91쪽, 122쪽, 124쪽, 126쪽, 127쪽, 154쪽, 155쪽, 156쪽, 157쪽, 159쪽

ISBN 979-11-6923-294-4
ISBN 979-11-6923-275-3 (세트)

ⓒ제발돼라 PleaseBee. All Rights Reserved.

※ 본 제품은 ㈜서울문화사에서 제작, 판매하므로 무단 복제 및 판매를 금합니다.
※ 잘못된 제품은 구입처에서 교환해 드립니다.

호기심을 해결하는 곤충 관찰 캡쳐북

제발돼라
엉뚱한 곤충 사전 2

원작 제발돼라
그림 김기수

서울문화사

차례

프롤로그 ... 8

1장 어리호박벌 호박이와 수박이 이야기

1화 어리호박벌과 친구가 되는 방법 ... 16
2화 호박이와 수박이의 우당탕탕 신나는 하루! ... 26
- 어리호박벌도 공놀이를 좋아해! ... 30
- 칙칙폭폭 기차를 타고 달리자! ... 32

3화 수박이와의 이별 ... 34
- 혼자 남은 호박이 ... 37
- 자연으로 돌아간 호박이 ... 40

제발대라 지식 쑥쑥 곤충 사전 ... 46
초등 과학 3-2 동물의 생활

2장 왕사마귀 키위 이야기

4화 아기 사마귀는 어떻게 어른 왕사마귀로 자랐을까? ... 50
- 키위와 함께 소풍을 갑시다! ... 61

5화 달콤살벌한 키위와 위키의 짝짓기 ... 64
- 암컷 사마귀가 수컷 사마귀를 잡아먹는다고? ... 68
- 키위와 위키의 두 번째 만남 ... 72
- 키위의 개인기 ... 76
- 엄마가 된 키위 ... 77

6화 위위와 씨앗이들의 성장 일기 ... 78

제발대라 지식 쑥쑥 곤충 사전 ... 90
초등 과학 3-2 동물의 생활

3장 특별한 곤충 소개 시간

- **7화** 깡충거미는 어떻게 사냥을 할까? ... 94
  - 깡충거미가 모기를 만난 날 ... 100
- **8화** 호랑나비의 아름다운 날개를 보기까지 생기는 일 ... 106
  - 수상한 애벌레의 비밀 ... 115
- **9화** 위기 상황! 소참진드기의 등장! ... 120

제발돼라 지식 쑥쑥 곤충 사전 ... 126
_{초등 과학 5-2 생물과 환경}

4장 곤충들의 별별 먹방

- **10화** 잠자리 애벌레는 물 밖에서도 사냥을 할까? ... 130
  - 왕잠자리 수채 VS 모기 ... 136
- **11화** 사슴벌레가 달콤한 젤리를 먹는다고? ... 138
- **12화** 개미와 밀웜의 치열한 싸움 현장! ... 146
  - 개미 VS 모기 ... 151

제발돼라 지식 쑥쑥 곤충 사전 ... 154
_{초등 과학 5-2 생물과 환경}

제발돼라 곤충 정보 왕 ... 156
제발돼라 곤충 퀴즈 왕 ... 158

프롤로그
화니, 위기에 빠지다!

안녕, 우리는 어리호박벌이야!

우아~ 여기가 우리 집이래!

냠냠쩝쩝! 꿀은 너무 맛있어!

뭐가 꽃인지 모르겠지?

1화 어리호박벌과 친구가 되는 방법

화니네 시골집에서는 화목 난로를 쓰고 있어요.

아버지께서는 종종 땔감으로 쓰려고 나무를 자르셨죠.

그리고 그 안에서 겨울잠을 자던 호박벌을 발견하셨어요.

어느 겨울날, 운명처럼 마주한 내 소중한 친구들.
아빠 덕분에 어리호박벌 호박이와 수박이를 만날 수 있었어요.
아빠, 항상 큰 사랑을 주셔서 감사하고 사랑해요!

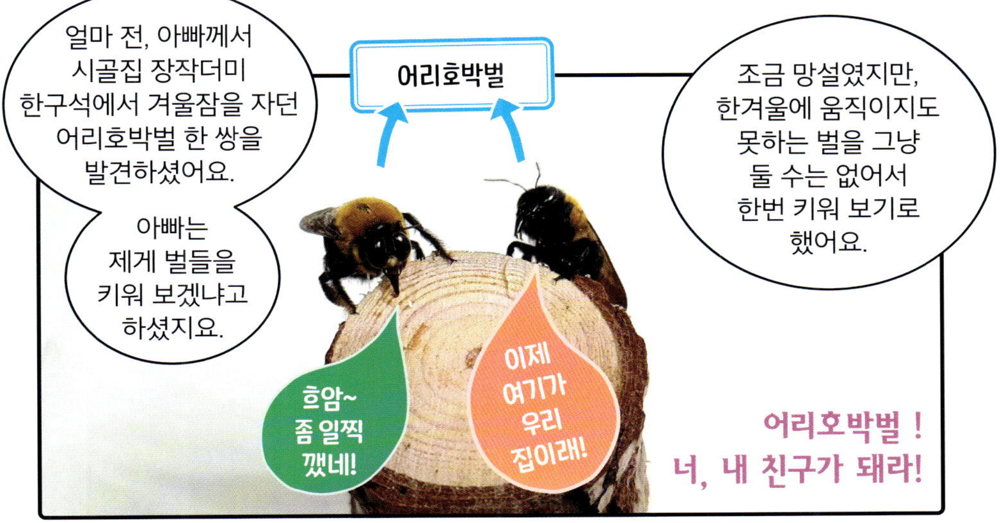

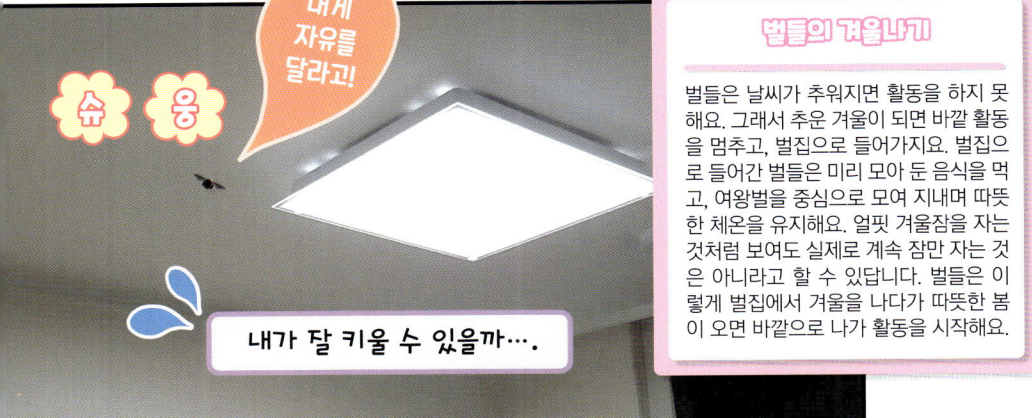

2화 호박이와 수박이의 우당탕탕 신나는 하루!

"호박아, 꿀 줄까, 말까~?"

"빨리 줘!"

꿀로 밀당하기!

"앗! 금방 포기해 버렸어요."
"더듬이에 갖다 대도 반응이 없네요."

"에휴."

포기

"흥! 나 안 먹어!"

"아무래도 호박이가 삐졌나 봐요."

부글 부글

"독침 맛 좀 볼래?"

"헉! 그건 안 돼~!"

3화 수박이와의 이별

얼마 전부터 수박이가 꿀 먹는 양이 줄었어요.

조금 피곤하네….

어쩐지 힘이 없는 수박이….

궁금해서 어리호박벌에 대해 찾아봤어요.

일반적으로 수컷은 겨울을 난 다음 이듬해 봄, 짝짓기 후에 죽는다고 해요….

믿기지 않는 사실…!

수박이의 날개는 처음부터 온전치 못했어요.

문제가 있어 보이는 수박이의 날개

하루하루 문제는 더 심각해졌죠.

벌의 수명

벌의 수명은 태어난 시기나 맡은 역할에 따라 달라요. 꿀벌의 경우, 보통 45일에서 6개월 정도 살아가는데, 일을 많이 하는 여름에는 가장 짧게 살고, 벌집에서 겨울을 나는 겨울에는 더 오래 산다고 해요. 그러나 이것은 일벌의 경우이고, 여왕벌의 수명은 2~5년으로 훨씬 길지요.

혼자 남은 호박이

수박이가 떠나 슬프지만 마냥 슬픔에 빠져 있을 수는 없어요.

어쩐지 허전해 보이는 벌집

제게는 호박이가 남아 있기 때문이죠.

혼자가 된 호박이가 무척 외로워 보여요.

나 조금 울적해….

기운이 없어 보이는 호박이

쏙

꿀 먹고 기운 내자, 호박아.

냠냠

그래도 잘 먹어 주네요. 조금 마음이 놓여요.

no. 001

GROW ★★☆

어리호박벌
Xylocopa appendiculata circumvolans

분류	벌목 꿀벌과
먹이	꽃꿀 등
서식지	들판, 숲
크기	몸길이 약 20mm
출현 시기	5월~8월

특징

몸은 검은색이며, 머리방패와 큰턱 밑부분, 더듬이의 자루마디 등은 연한 노란색을 띤다. 날개는 검은색이고 광택이 난다. 머리와 가슴 밑면, 다리에는 긴 털이 빽빽하게 나지만, 정수리와 등판의 털 길이는 짧은 편이다.
죽은 나무에 구멍을 뚫고 집을 짓는 습성이 있어 '목수벌'이라는 별명이 붙었다. 들판이나 숲의 가장자리에 핀 꽃의 꿀을 즐겨 먹는데, 몸집이 커서 꽃 안으로 들어갈 수 없기 때문에 바깥에서 꿀샘에 촉수를 찔러 꿀을 빨아 먹는다. 이런 방식으로 꽃꿀을 먹지만 정작 꽃의 수정은 돕지 않아 소위 '꿀도둑'으로 불린다.
주로 한국과 일본, 중국에 분포한다.

곤충이란 무엇일까요?

초등 과학 3-2 동물의 생활

우리는 주변에서 쉽게 다양한 곤충들을 만나곤 해요. 그런데 곤충이란 정확히 무엇일까요? 곤충은 절지동물문에 속하며 몸이 머리, 가슴, 배로 나뉘고 다리는 여섯 개인 동물이에요. 곤충은 전체 동물 수의 약 80% 정도를 차지할 만큼 수가 많고 종류도 다양하지요.

곤충이 이렇게 번성하게 된 이유는 무엇일까요? 또 '익충'과 '해충'은 어떻게 구분할 수 있을까요? 곤충에 관해 궁금한 점들을 좀 더 자세히 알아볼까요?

Q 곤충은 얼마나 많은가요?

A 전 세계에 분포된 곤충은 약 80~85만 종이에요. 아직 알려지지 않은 곤충까지 생각하면 300~500만 종이 넘을 것이라고도 하지요. 현재까지 우리나라에 알려진 곤충은 약 12,000종인데 이 중 딱정벌레목 곤충이 26%, 나비목 곤충이 25%로 가장 많고, 그 다음이 벌목, 노린재목 순서이지요. 전 세계적으로 알려진 곤충의 수와 비교하면 약 1.28%정도이지만, 지금까지 알려진 곤충은 실제 국내에서 서식할 가능성이 있는 곤충의 20~30%밖에 안 된다고 하니 앞으로 더 늘어날 가능성이 높아요.

딱정벌레목의 한 종류인
장수풍뎅이

나비목의 한 종류인
노랑나비

흥미 팡팡 곤충 이야기

Q 익충과 해충이란?

A '익충'은 인간에게 이로움을 주는 곤충이에요. 식용이나 약용으로 쓰이고 연구를 위해 쓰이기도 해요. 잘 알려진 익충으로는 꿀벌, 잠자리 등이 있어요. '해충'은 인간에게 해를 끼치는 곤충이에요. 주로 농작물에 피해를 주거나 질병을 옮기지요. 그러나 익충과 해충을 구분하는 것은 다분히 인간 중심적인 생각이라고 할 수 있어요. 모든 곤충은 각자의 역할을 하며 생태계를 유지시키니까요.

익충으로 분류되는 꿀벌

익충으로 분류되는 잠자리

해충으로 분류되는 파리

흥미 팡팡 곤충 이야기

생물은 어떻게 분류할까요?

앞서 말했듯 곤충은 절지동물문에 속해요. 그런데 그게 무슨 뜻이냐고요? 곤충이 생물 중에 어떤 종류에 속하는지를 설명하는 거예요. 절지동물문은 몸이 여러 개의 마디로 이루어져 있고, 겉껍질이 딱딱한 외골격을 가졌다는 특징이 있지요. 생물은 흔히 '계·문·강·목·과·속·종'으로 분류하는데 뒤로 갈수록 단위가 작아져요. 그러니까 가장 큰 단위는 '계'예요. 지구상의 생물은 종류에 따라 동물계, 식물계 등으로 나뉘어요. 예를 들어 어리호박벌은 생물 분류 체계에 따라 '동물계>절지동물문>곤충강>벌목>꿀벌과>어리호박벌속>어리호박벌'로 분류할 수 있어요.

2장 왕사마귀 키위 이야기

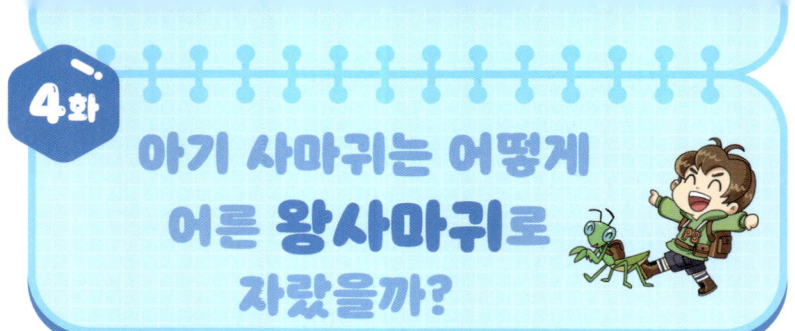

탈피

왕사마귀는 자연 환경에 따라 약 5~7회 탈피를 진행해요. 탈피 전에는 1~2일간 먹이를 먹지 않지요. 사마귀에게 탈피는 매우 중요하지만 위험한 일이기도 해요. 탈피에 실패할 경우 목, 다리, 날개 등이 꺾이거나 잘릴 수 있고, 심한 경우 죽음에 이를 수도 있거든요. 탈피하는 과정에서는 날개가 없고 마지막 탈피 후 성충이 되면 날개가 생겨요.

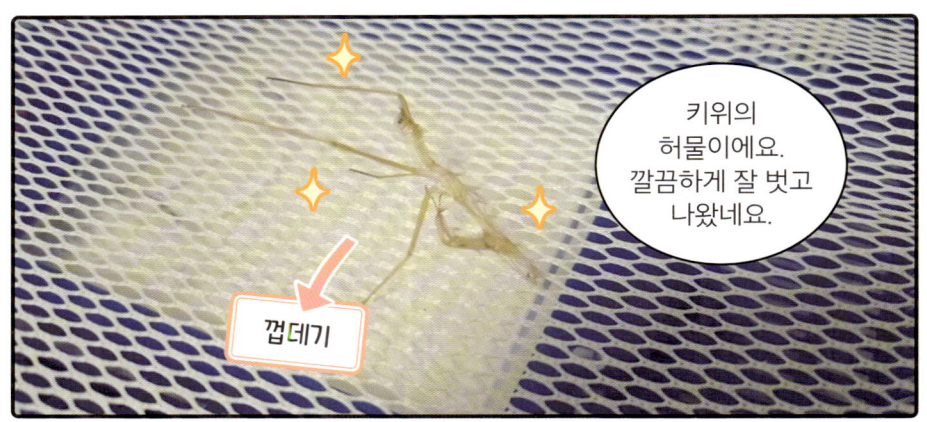

키위의 허물이에요. 깔끔하게 잘 벗고 나왔네요.

껍데기

다음 탈피를 기대해!

이로써 키위는 6령 사마귀가 되었어요.

령

령은 유충의 발육 단계를 구분할 때 사용하는 용어예요. 부화한 후 첫 번째 탈피까지의 기간을 1령, 첫 번째 탈피 후 두 번째 탈피까지의 기간을 2령이라고 부르지요. 령의 수는 종에 따라 다르며, 같은 종이어도 영양 상태 등 조건에 따라 달라지기도 해요.

며칠 후

시골에서 수확한 옥수수를 가지고 왔어요.

옥수수 하나에 구멍이 뚫려 있네요? 분명 애벌레가 파먹은 흔적일 거예요.

먹음직스러운 옥수수!

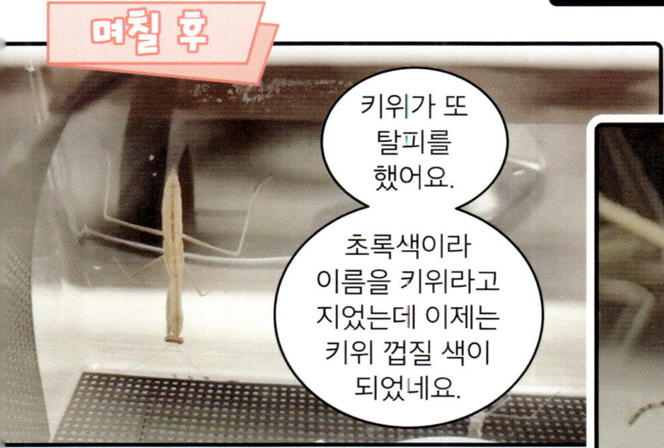

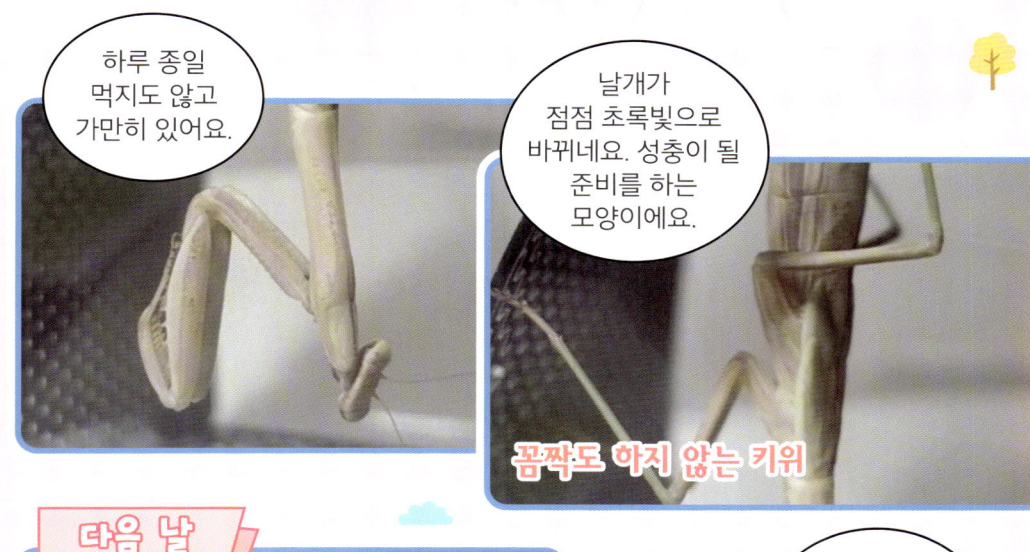

5화 달콤살벌한 키위와 위키의 짝짓기

슬슬 짝을 찾을 시기가 왔군.

왕사마귀의 암수 구별법

왕사마귀의 성별은 어떻게 구별할까요? 암수의 가장 큰 차이점은 몸의 크기예요. 왕사마귀는 보통 다른 사마귀들보다 큰 편인데 암컷은 수컷에 비해 몸집이 더욱 크지요. 또, 배의 마디가 암컷은 여섯 개, 수컷은 여덟 개랍니다.

키위는 암컷 사마귀예요. 암컷 사마귀는 성충이 된 후 2주부터 짝짓기가 가능한데 3주 무렵 가장 수정이 잘 된다고 해요.

사마귀 짝짓기의 가장 큰 문제는 짝짓기 후에 암컷이 수컷을 잡아먹는 거예요.

키위에게 먹이를 주면서 짝짓기를 시도해 볼게요.

스윽

수컷 사마귀, 위키 등장!

키위가 먹는 것을 멈추고 위키를 쳐다봐요.

위키도 키위의 눈치를 보며 멈춰 있네요.

힐끔

년 뭐야?

왠지 끌리는 느낌?!

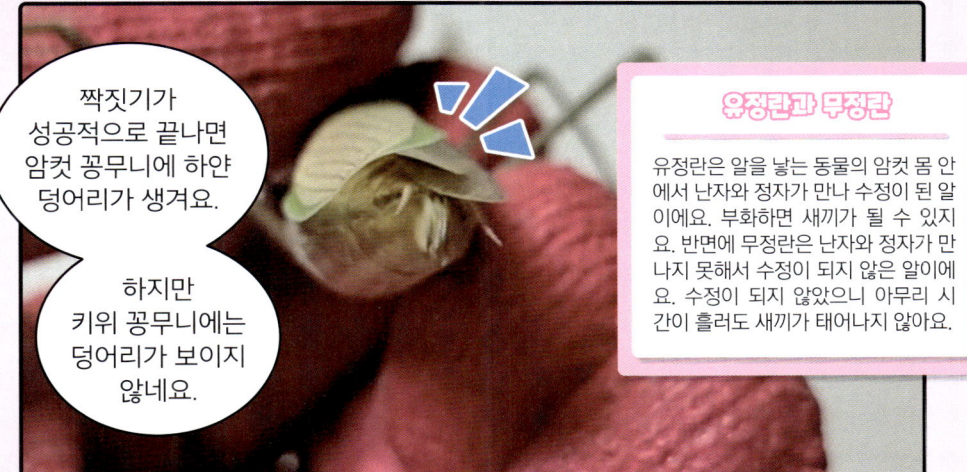

* 수정: 동물의 정자와 난자가 만나 새로운 개체를 이루는 것.

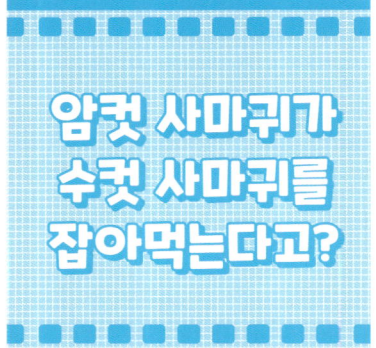

암컷 사마귀가 수컷 사마귀를 잡아먹는다고?

야생 사마귀들이 짝짓기를 하고 있어요.

사마귀들의 짝짓기는 장시간에 걸쳐서 진행되는데 보통 여섯 시간 정도 걸려요. 아주 길면 열 시간이 걸리기도 하지요.

그리고 약 60%의 암컷 사마귀가 짝짓기 후 수컷을 잡아먹는다고 해요.

암컷

수컷

냠 냠

이것 좀 보세요! 암컷 사마귀가 짝짓기 중인 수컷 사마귀를 잡아먹고 있어요.

머리는 이미 먹고 이제 가슴 부분을 뜯고 있네요. 수컷의 두 앞다리가 암컷에게 완전히 제압당했어요.

더 놀라운 것은 지금 이 순간에도 짝짓기가 계속된다는 거예요.

그렇다면 암컷 사마귀가 수컷을 잡아먹는 이유는 무엇일까요?

잡아먹히는 수컷 사마귀!

암컷에게 잡아먹혀 수컷의 머리가 없어지면 수컷은 억제력을 잃고 짝짓기에 더 몰두하게 된다고 해요.

또, 암컷이 수컷을 잡아먹으면 더 많은 알을 낳게 된다고도 하지요.

즉, 사마귀의 이러한 행동은 종족 번식을 위한 일이라고 할 수 있어요.

그래서 수컷 사마귀는 몸만 남았지만 짝짓기는 계속되고 있어요.

사마귀의 짝짓기, 너무 무시무시하잖아?

덩그러니

* 산란: 알을 낳는 것.

사마귀 알집

사마귀는 수백 개의 알을 낳은 다음 알을 둘러싼 알집을 만들어요. 알집은 알을 보호하고 추운 겨울에도 알이 따뜻한 온도를 유지할 수 있게 해 주지요. 알집의 모양은 나뭇가지처럼 생겨서 적들의 눈에 잘 띄지 않아요. 알들은 알집 속에서 겨울 동안 따뜻하게 지내다가 봄이 되면 애벌레가 되어서 알집 밖으로 나와요.

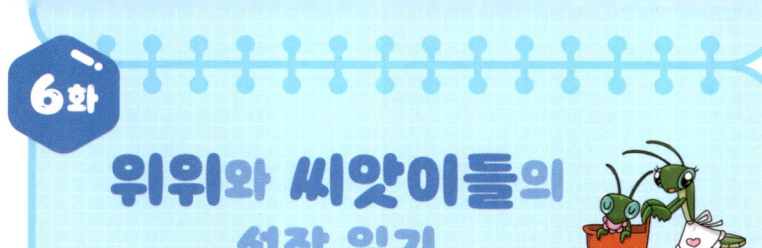

6화 위위와 씨앗이들의 성장 일기

이것들이 모두 키위가 낳은 알이에요.

덕분에 우리 집은 알 부잣집이 되었네요.

무려 여섯 개의 알집을 낳은 키위!

알을 낳은 후, 키위의 배가 홀쭉해졌어요.

암컷에게는 수컷의 정자를 보관할 수 있는 저장낭이라는 기관이 있어요.

그래서 암컷은 한 번의 짝짓기로 여러 개의 유정란을 낳을 수 있지요.

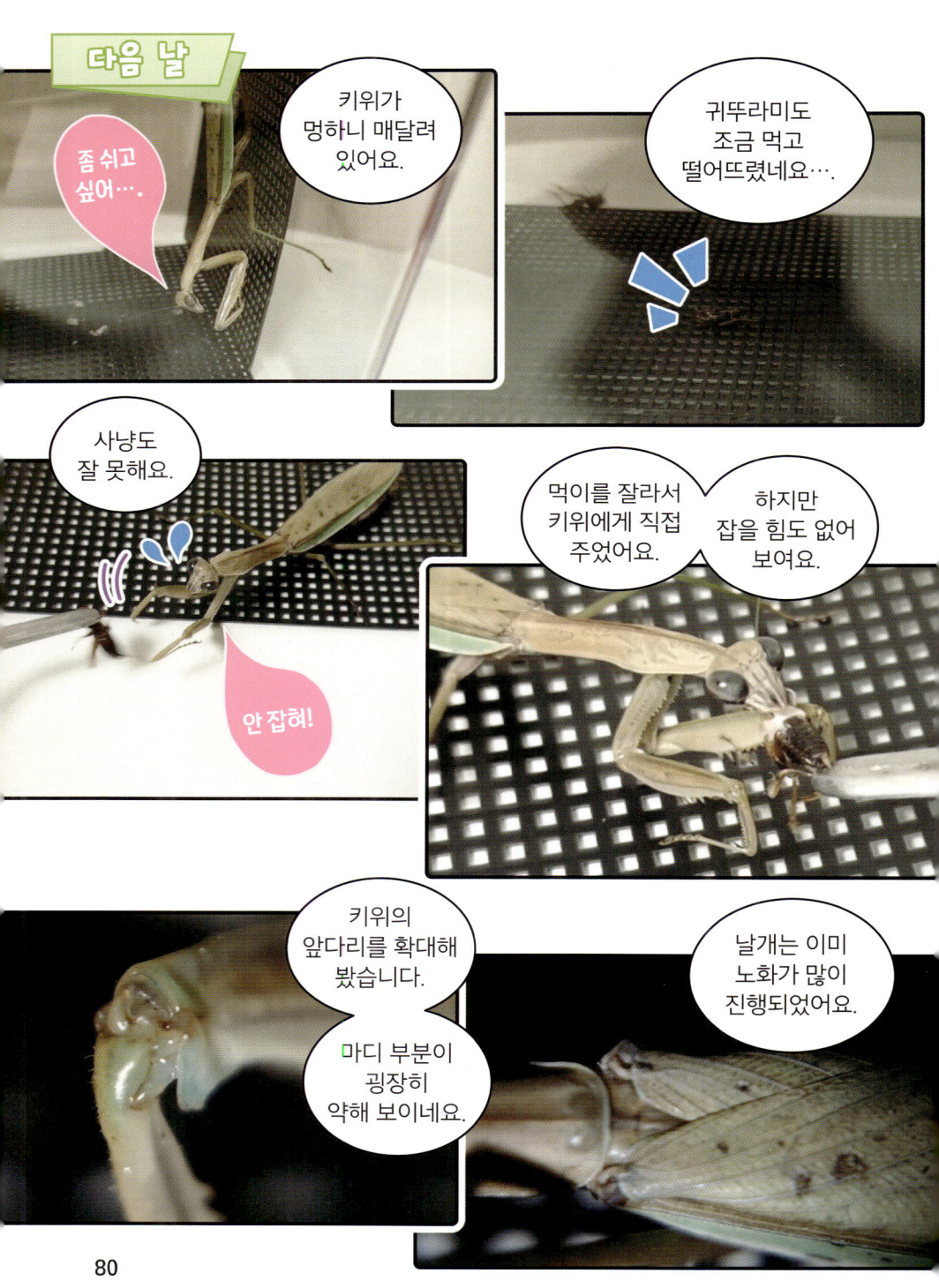

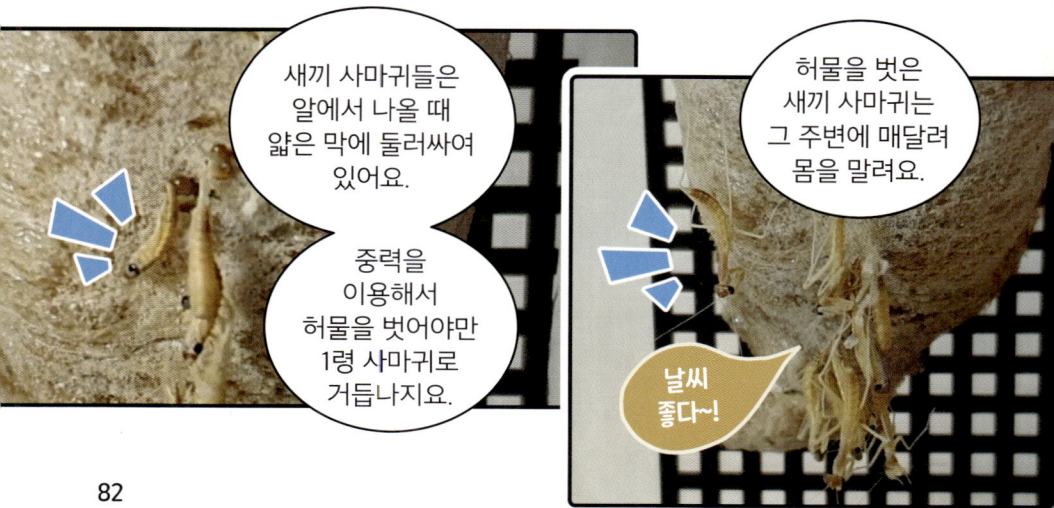

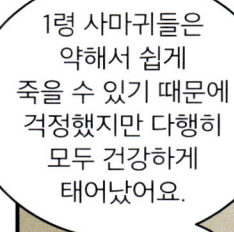

1령 사마귀들은 약해서 쉽게 죽을 수 있기 때문에 걱정했지만 다행히 모두 건강하게 태어났어요.

새끼들을 씨앗이라고 부르기로 했어요.

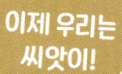

이제 우리는 씨앗이!

새끼 사마귀들은 부화 후 하루 이틀은 먹이 없이 버틸 수 있지만 기간이 길어지면 위험해지니 먹이를 잘 챙겨 줘야 해요.

바글 바글

흔적날개초파리

1령 사마귀들의 먹이는 유전적으로 날지 못하는 흔적날개초파리예요.

주로 소형 파충류나 개구리의 먹이로 쓰이는데 1령 사마귀에게도 최고의 먹이지요.

톡톡

얘들아, 밥 먹자!

냠냠

이거 맛있다!

벌써 초파리를 사냥해서 먹네요. 잘 먹고 무럭무럭 자라렴!

* 동족 포식: 같은 개체를 잡아먹는 행위.

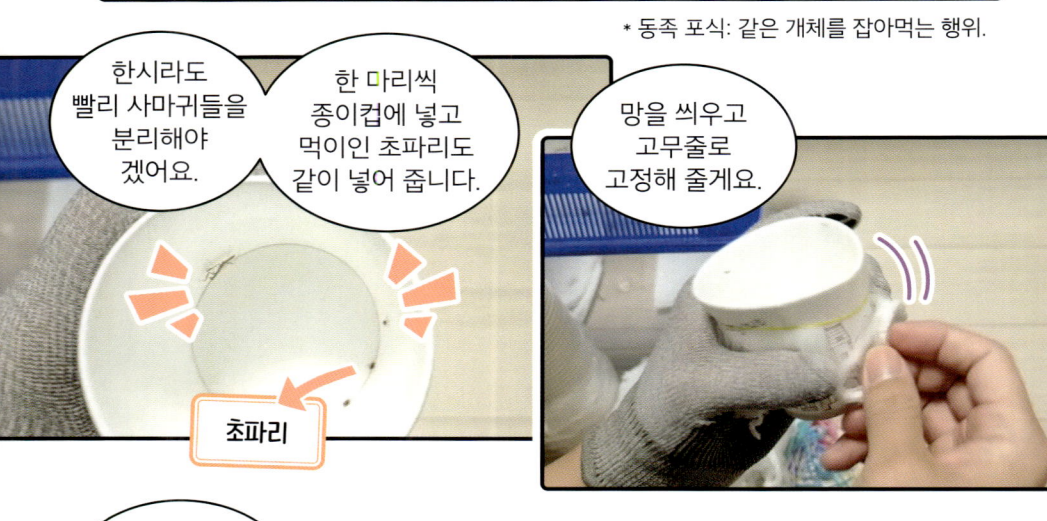

no. 002

GROW ★★☆

왕사마귀
Tenodera sinensis

분 류	사마귀목 사마귀과
먹 이	여러 가지 곤충 등
서 식 지	들판, 산지

크 기	몸길이 약 70~95mm
출현 시기	8월~10월

특징

몸 크기가 일반 사마귀에 비해 크고, 몸 색은 초록색 또는 갈색이다. 더듬이가 다른 종보다 짧은 편이며 암컷은 수컷에 비해 덩치가 크다.
왕사마귀의 생김새는 사마귀와 매우 비슷하지만, 뒷날개를 펼치면 보랏빛을 띤 갈색 무늬가 있어 사마귀와 쉽게 구별할 수 있다.
메뚜기류, 나비류, 벌류, 노린재류 등 다른 곤충을 잡아먹으며, 들판이나 숲의 가장자리 풀숲에서 생활한다.
8~10월에 걸쳐서 성충이 나타나는데 늦가을에 거품 같은 분비물인 알집에 싸인 알을 낳는다.
한국, 일본, 중국, 동남아시아에 분포한다.

곤충은 어떻게 짝을 만날까요?

초등 과학 3-2 동물의 생활

곤충들은 암컷과 수컷이 만나 짝을 이루는 짝짓기 행위를 통해 번식해요.
짝짓기는 종족의 보존을 위해 무척 중요한 행위이지요. 곤충 사회는 모계 사회에 가까워서 주로 암컷이 짝이 될 수컷을 선택하는데, 암컷은 성페로몬을 분비해 수컷을 부르고 수컷은 암컷에게 선택받기 위해 다양한 구애 행동을 해요.
그럼 곤충들이 어떻게 짝을 찾고 짝짓기를 하는지 더 자세히 살펴볼까요?

Q. 곤충이 상대를 유혹하는 방법은?

A. 곤충들은 짝을 찾기 위해 다양한 구애 전략을 써요. 가장 흔한 방법은 성페로몬을 분비하는 거예요. 성페로몬으로 상대를 유인한 후, 상대가 접근하면 교미 페로몬을 분비하거나 성페로몬의 농도를 높여서 짝짓기를 하지요. 또, 매미나 귀뚜라미처럼 소리를 내서 자기 짝을 찾거나, 반딧불이처럼 빛을 내서 서로를 구별하고 짝을 찾는 곤충도 있어요. 이밖에 독특한 방법으로 짝을 찾는 곤충들도 있어요. 예를 들어 춤파리 수컷은 암컷을 유혹하려고 춤을 추며 먹이를 선물하기도 하지요.

소리로 짝을 찾는 매미

빛을 내서 짝을 찾는 반딧불이

흥미 팡팡 곤충 이야기

Q 곤충들의 짝짓기 방법은?

A 유혹에 성공하면 곤충들은 짝짓기를 시작해요. 짝짓기 방법은 곤충마다 제각각이에요. 먼저 '업기 유형'이 있어요. 이런 유형은 암컷이 수컷을 업고 짝짓기를 하는데, 메뚜기가 이런 유형이에요. 또 '일자 유형'도 있어요. 암컷과 수컷이 서로 반대 방향을 보고 몸을 붙여서 짝짓기를 하는 거예요. 노린재, 나비가 이런 유형이지요. 이밖에 독특한 방식으로 짝짓기 하는 곤충도 있어요. 예를 들어 잠자리의 짝짓기 자세는 하트 모양을 닮아 아름답기로 유명해요. 암컷이 수컷 뒤에서 꼬리를 앞으로 접어 수컷의 배에 갖다 대면 수컷은 꼬리를 위로 구부려 하트 모양을 만들지요.

업기 유형으로 짝짓기 하는 방아깨비

일자 유형으로 짝짓기 하는 나비

하트 유형으로 짝짓기 하는 잠자리

흥미 팡팡 곤충 이야기

가장 사랑이 넘치는 곤충은?

사랑스러운 이름을 가진 곤충, '러브버그(사랑벌레)'는 암수가 항상 쌍으로 붙어 다녀서 이런 별명이 붙었어요. 짝짓기를 할 때는 물론 날아다니거나 먹이를 먹을 때도 꼭 붙어 다니지요. 우단털파리속에 속하는 곤충으로 우리나라에 본격적으로 나타난 것은 2022년부터인데 이 시기에 너무 많은 수가 한꺼번에 주택가에 출몰하여 화제가 되기도 했어요. 특유의 생김새나 사람에게 달려드는 특성 때문에 혐오감을 주기도 하지만 러브버그는 해충이 아닌 익충이에요. 유충은 낙엽을 분해해 토양을 비옥하게 만들고 성충은 꽃의 수분을 돕지요.

동글동글 귀여운 알은 어떻게 자랄까?

새똥으로 착각 금지!

화가 나면 노란 뿔이 불쑥 나와!

짜잔! 내 날개 멋있지?

3장 특별한 곤충 소개 시간

자세히 관찰하려고 집으로 데려왔어요.

여긴 어디?

이 녀석의 정체는 바로 청띠깡충거미예요.

청띠깡충거미

앞다리 두 개를 계속 들고 있지요? 이것은 더듬이 다리예요. 걸을 때 사용하지 않고 먹잇감을 잡는 역할을 하지요.

더듬이 다리

깡충거미는 눈이 무려 여덟 개나 있어서 시력이 매우 좋아요. 제가 움직일 때마다 저를 따라 시선을 옮기네요!

사냥을 하는 깡충거미의 놀라운 모습!

왼쪽에서 손가락을 움직이면 왼쪽을 쳐다보고,

슥

슥

오른쪽에서 움직이면 오른쪽을 쳐다봐요.

깡충거미가 모기를 만난 날

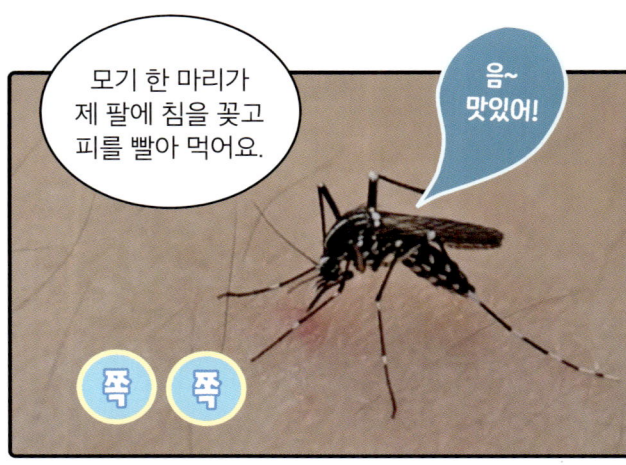

모기 한 마리가 제 팔에 침을 꽂고 피를 빨아 먹어요.

음~ 맛있어!

쪽 쪽

피를 얼마나 많이 먹었는지 배가 빨갛게 가득 찼네요.

모기한테 물린 곳이 퉁퉁 부었어요. 엄청 가려워요!

퉁퉁

또 찾아온 녀석! 내가 그렇게 좋은가?

배고파. 피 좀 더 먹자!

일단 잡아서 집으로 데려갈게요.

촤앗

어?!

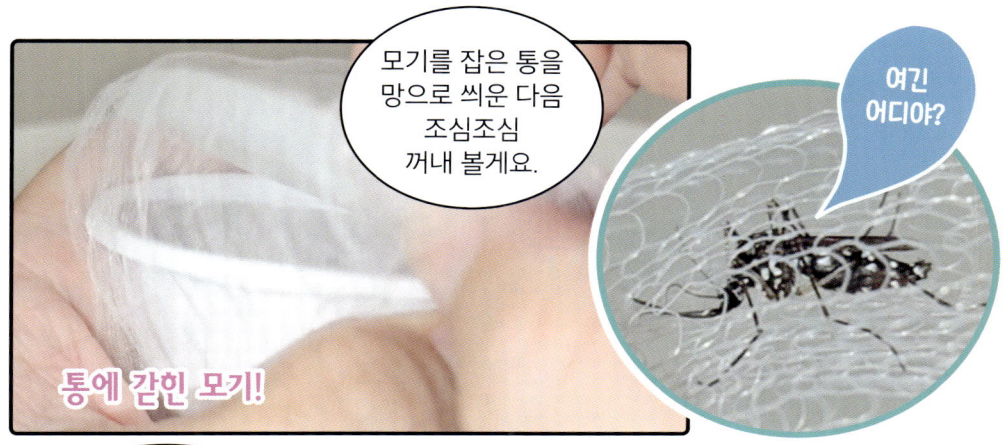

no. 003

BASIC ★☆☆

검은날개무늬 깡충거미
Telamonia vlijmi

분 류	거미목 깡충거미과
먹 이	여러 가지 곤충 등
서 식 지	논, 밭, 정원
크 기	약 8~10.5mm
출현 시기	4월~10월

특징

깡충깡충 뛰어다니는 특성이 있는 크기 약 8~10.5mm 정도의 작은 절지동물이다.

논과 밭 주변의 풀숲이나 산에서 살며 꽃 근처에 있다가 다가오는 파리나 작은 곤충들을 잡아먹는다. 거미줄을 치지 않고 돌아다니는 습성이 있어서 배회성 거미로 불리고 주로 4~10월에 활동한다.

시력이 좋으며 눈 둘레에는 특징적인 검은 무늬가 있다. 배는 긴 계란형으로 뒤쪽이 다소 뾰족하며 두 줄의 황갈색 세로무늬가 있다. 등에는 둥근 점이 있으며 온몸에 잔털이 나 있고 다리는 황갈색이다.

한국과 일본, 중국에 분포한다.

8화 호랑나비의 아름다운 날개를 보기까지 생기는 일

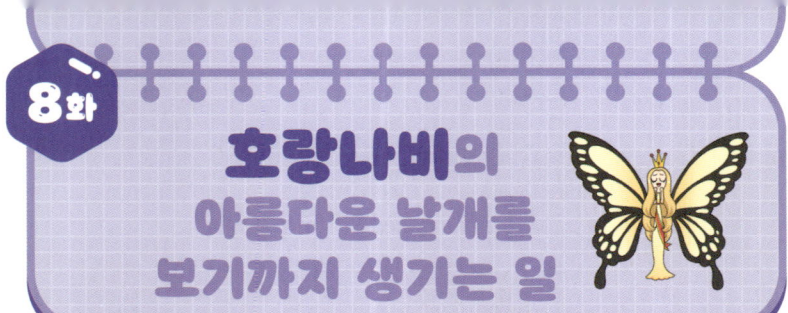

어느 날 산책을 하다가 호랑나비의 알을 하나 발견했어요.

부화시켜 보려고 집에 가져왔지요. 처음에는 알이 진한 노란색을 띠었어요.

동글동글 귀여운 알!

다음 날

알 아래쪽에 빨간 점들이 보이기 시작해요.

다음 날

노랗던 알이 검게 변했네요!

기생벌의 종류는 여러 가지예요. 일부는 애벌레일 때부터 몸 밖에 달라붙어 기생하고, 일부는 번데기에 알을 낳고 몸속에서 기생하지요.

몸속에서 부화한 녀석들은 내장을 파 먹으면서 성장해요.

기생벌

다른 곤충이나 거미 등의 몸속에서 기생하는 벌을 기생벌이라고 해요. 어미 벌이 다른 곤충의 몸에 알을 낳으면 부화한 애벌레는 숙주로부터 영양분을 얻으며 자라지요. 기생하는 방법은 매우 다양해요. 숙주에 1종만 기생하거나 2종 이상이 동시에 기생하기도 하지요. 또, 다른 종류의 기생벌이 기생하는 경우도 있어요.

며칠 후

꿈 틀 꿈 틀

드디어 번데기가 꿈틀대기 시작했어요.

그동안 모아 두었던 배설물을 한꺼번에 뿜어내네요.

후유~!

혼신의 힘으로 번데기를 빠져나와 나뭇잎에 매달렸어요.

수상한 애벌레의 비밀

호랑나비 애벌레가 독특하게 생겼네요?

크기가 더 크고 색도 달라요.

난 좀 특별해!

아삭 아삭

관찰하려고 집으로 데려와서 귤나무에 올려놓았어요.

다행히 귤잎을 잘 먹어요.

입맛에 딱 맞아!

짜잔

하루하루 성장해서 마침내 5령이 되었어요.

그런데 애벌레의 모습도 특이하네요?

- 이 애벌레 친구는 어떻게 자랄까?
- 일반 호랑나비 애벌레보다 훨씬 크고 무늬도 달라요.
- 손가락과 비교해 보니 정말 크지요?

두둥

유난히 거대한 애벌레!

- 귤나무 줄기 하나는 순식간에 먹어 치워요.
- 5령이 보통 많이 먹긴 하는데….
- 녀석, 먹성이 장난 아닌걸요?

아 삭
이쯤이야!
아 삭
아 삭

하루 종일 잎을 먹는 애벌레

- 이게 모두 애벌레가 싼 똥이에요.
- 애벌레는 이 순간에도 잎을 먹고 있어요.
- 잘 먹는 걸 보니 기분이 좋네요.

어마어마한 양!

아 삭
아직 부족해!

며칠 후

나비와 나방

나비와 나방은 어떻게 다를까요? 둘은 비슷한 모습을 가졌지만 분명한 차이가 있어요. 먼저 앉는 자세가 다르지요. 나비는 날개를 접고 앉는 반면, 나방은 날개를 펴고 앉아요. 그리고 나비는 곤봉 모양 더듬이를 가졌지만 나방은 빗살 모양, 톱니 모양 더듬이를 가졌답니다. 또, 주로 낮에 활동하는 나비와는 달리 나방은 주로 밤에 활동한다는 특징이 있어요.

드디어 번데기가 되었어요!

번데기의 모습도 크고 특별하죠?

남다른 크기의 번데기!!

이틀 후

드디어 껍질을 벗고 밖으로 나왔어요. 모습이 궁금하죠?

번데기는 탈피하는 중

짜 잔

긴꼬리제비나비

어릴적 부터 남다르게 컸던 애벌레는 호랑나비가 아니라 긴꼬리제비나비였어요.

너무나 근사한 모습이네요.

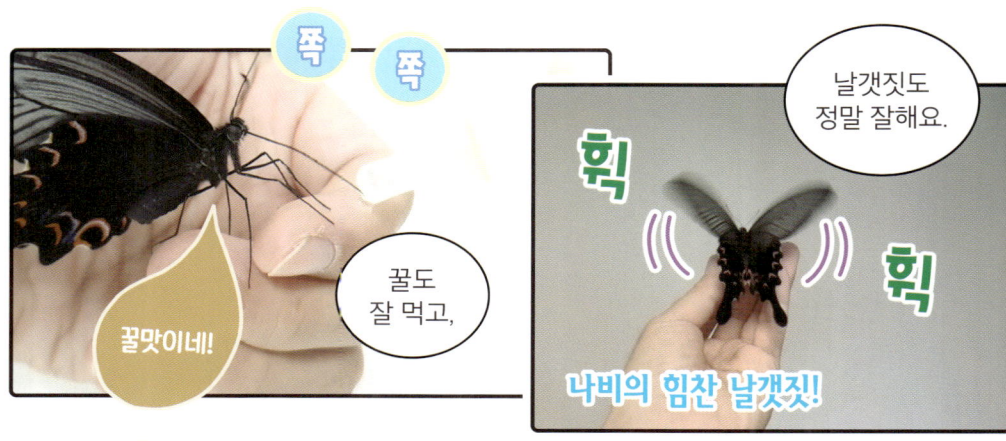

no. 004

BASIC ★☆☆

호랑나비
Papilio xuthus

분 류	나비목 호랑나비과
크 기	봄형 몸길이 약 20~24mm, 여름형 몸길이 약 27~30mm
먹 이	귤나무 등의 잎, 꽃꿀 등
출현 시기	3월~11월
서 식 지	공원, 들판, 산지

특징

날개의 검은 얼룩무늬와 노란색 무늬가 호랑이의 무늬를 닮아서 호랑나비라는 이름이 붙었다.
한반도 전역에 분포하며 개체수가 많다. 3월 말부터 11월에 걸쳐 나타난다. 봄에는 산에서 쉽게 볼 수 있고, 여름에는 산뿐만 아니라 숲 가장자리 및 도시 공원, 꽃밭 등 다양한 곳에서 관찰할 수 있다. 봄형과 여름형이 있는데 봄형은 여름형에 비해 크기가 작고 날개 표면의 노란빛 무늬가 더 선명하다. 애벌레는 다 자라면 몸길이가 45mm에 이르며 몸 색은 초록색이다. 귤나무, 좀피나무 등의 잎을 갉아먹고, 백일홍, 라일락 등 여러 꽃에서 꿀을 빨아 먹는다. 암컷이 알을 낳을 때는 탱자나무, 귤나무 등 식물의 잎 뒷면이나 줄기에 한 개씩 낳는다.

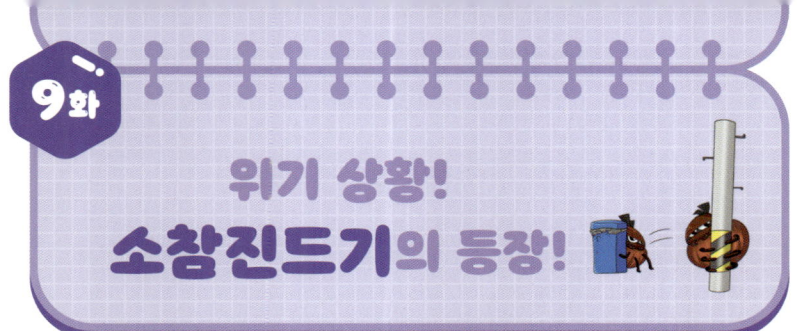

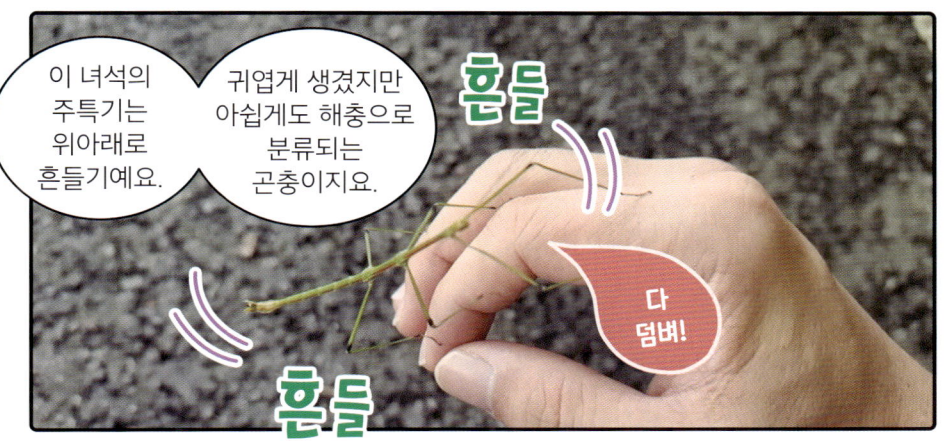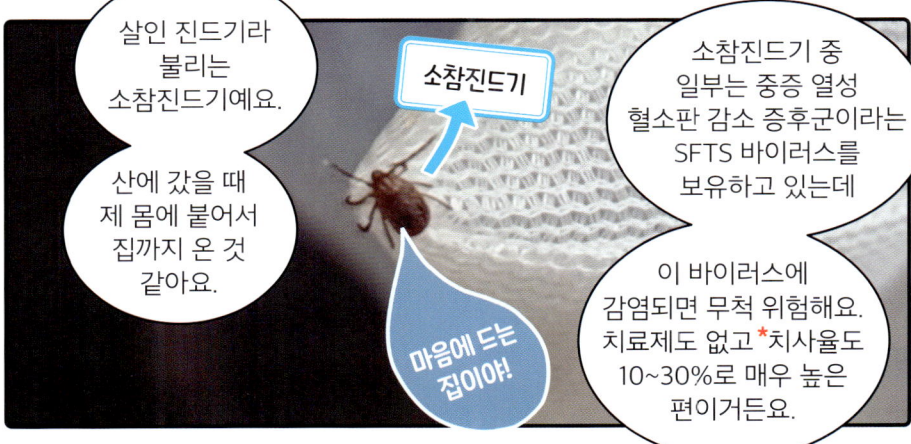

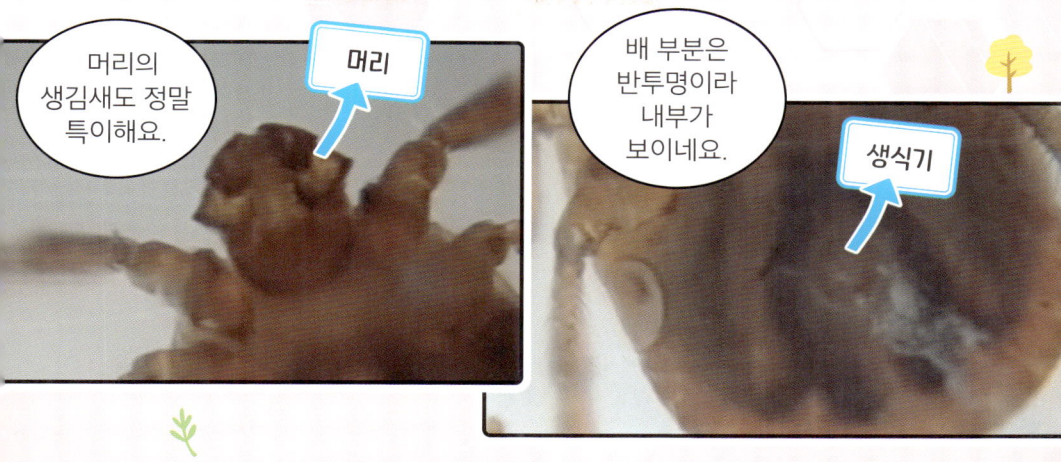

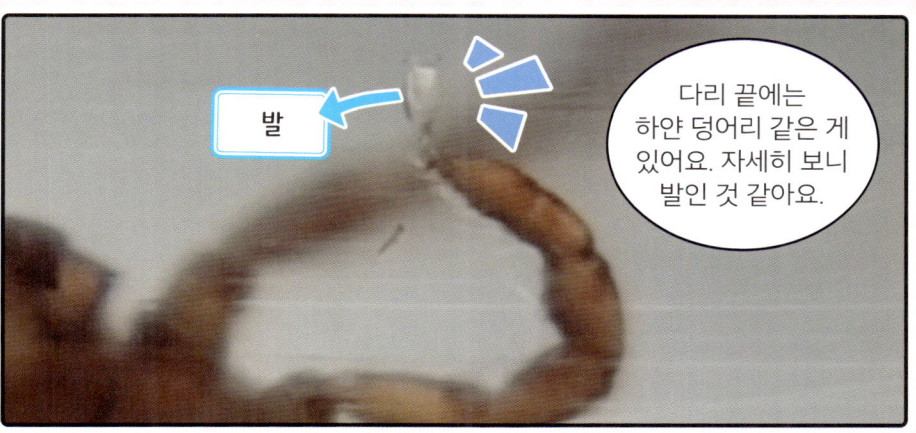

알에서 태어난 진드기 유충은 숙주에서 기생하다가 *약충으로 탈피해요.

약충은 또 다른 숙주에서 기생하다가 성충으로 탈피하고요.

* 약충: 불완전 변태를 하는 동물의 애벌레.

진드기는 인간과 동물 모두에서 질병을 전염시키는데요.

세상엔 다양한 종류의 진드기가 있어!

어쨌든 진드기에게 물렸다고 모두 SFTS에 감염되는 것은 아니예요. 하지만 가능하면 물리지 않는 것이 좋겠지요.

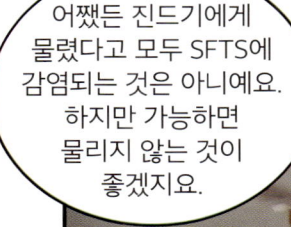

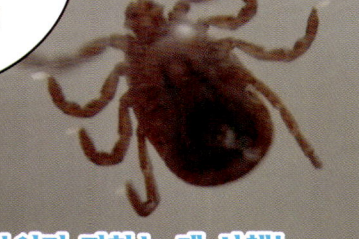

진드기가 보이면 피하는 게 상책!

숙주와 기생충

기생 생물에게 영양을 공급하는 생물을 숙주라고 해요. 기생 생물에 따라 여러 종류의 숙주를 필요로 하는 것도 있는데, 이 경우 유생이 기생하는 숙주를 중간 숙주, 성체가 기생하는 숙주를 최종 숙주라고 해요. 기생충은 다른 생물에게 붙어서 양분을 빨아 먹고 사는 벌레를 일컫는 말이예요.

곤충들은 어떻게 살아남을까요?

초등 과학 5-2 생물과 환경

생태계는 먹고 먹히는 관계로 이루어진 여러 생물들로 구성되어요. 잡아먹히는 생물은 피식자, 잡아먹는 생물은 포식자라고 하는데, 포식자는 피식자의 '천적'이지요. 즉, 천적은 잡아먹히는 생물의 입장에서 보았을 때 그 생물을 잡아먹는 다른 생물을 일컫는 말이에요. 곤충들에게는 대부분 천적이 있어요. 그래서 여러 가지 방법을 써서 천적으로부터 스스로를 보호한답니다.

그렇다면 곤충들의 생존 전략은 무엇인지 더 자세히 알아볼까요?

Q 보호색으로 위장하기란?

A 보호색이란 다른 동물의 공격을 피하고 자신을 보호하기 위하여 주위와 비슷하게 바꾸는 몸의 색깔을 뜻해요. 예를 들어 베짱이는 웬만해선 금방 찾아내기 어렵도록 풀색과 비슷한 보호색을 띠며 풀 속에 숨지요.

보호색으로 위장한 베짱이

Q 독침 쏘기란?

A 치명적인 독이 있는 침을 쏘아서 천적으로부터 스스로를 보호하는 곤충도 있어요. 대표적인 곤충은 벌이지요. 벌의 독침은 산란용 관이 변화한 것이기 때문에 독침을 쏘는 벌은 모두 암컷이에요.

독침을 쏘는 벌

흥미 팡팡 곤충 이야기

Q 흉내 내기란?

A 어떤 사물이나 곤충을 흉내 내어 천적으로부터 스스로를 지키는 곤충들도 있어요. 이런 행동을 '의태'라고 하지요. 예를 들어 가랑잎벌레는 잎을 흉내 내어 천적이 자신을 발견하지 못하도록 해요.

의태한 가랑잎벌레

Q 도망치기란?

A 위장하거나 독침을 쏘는 것 같은 특별한 능력이 없는 곤충들이 살아남기 위해 쓸 수 있는 가장 좋은 방법은 빠르게 도망치기예요. 때로는 죽은 척을 했다가 천적이 방심한 사이 도망치는 곤충들도 있어요.

죽은 척으로 위기를 모면하는 바구미

▶ 흥미 팡팡 곤충 이야기

도움이 되는 천적 관계도 있다?

때때로 사람들은 생물들의 천적 관계를 이용하기도 해요. 가장 대표적인 경우는 농업에서 발견할 수 있지요. 어떤 농부들은 농약을 사용하는 대신 천적을 이용해 유기 농법으로 농사를 짓는데, 가장 많이 이용되는 곤충은 무당벌레예요. 무당벌레는 농작물의 즙을 빨아 먹고 사는 진딧물의 천적이에요. 무당벌레를 논밭에 풀어 진딧물을 잡아먹게 하면 진딧물을 없애려고 농약을 쓰지 않아도 되니 친환경적이고, 농약을 사서 뿌리는 비용도 줄일 수도 있으니 일거양득이지요.

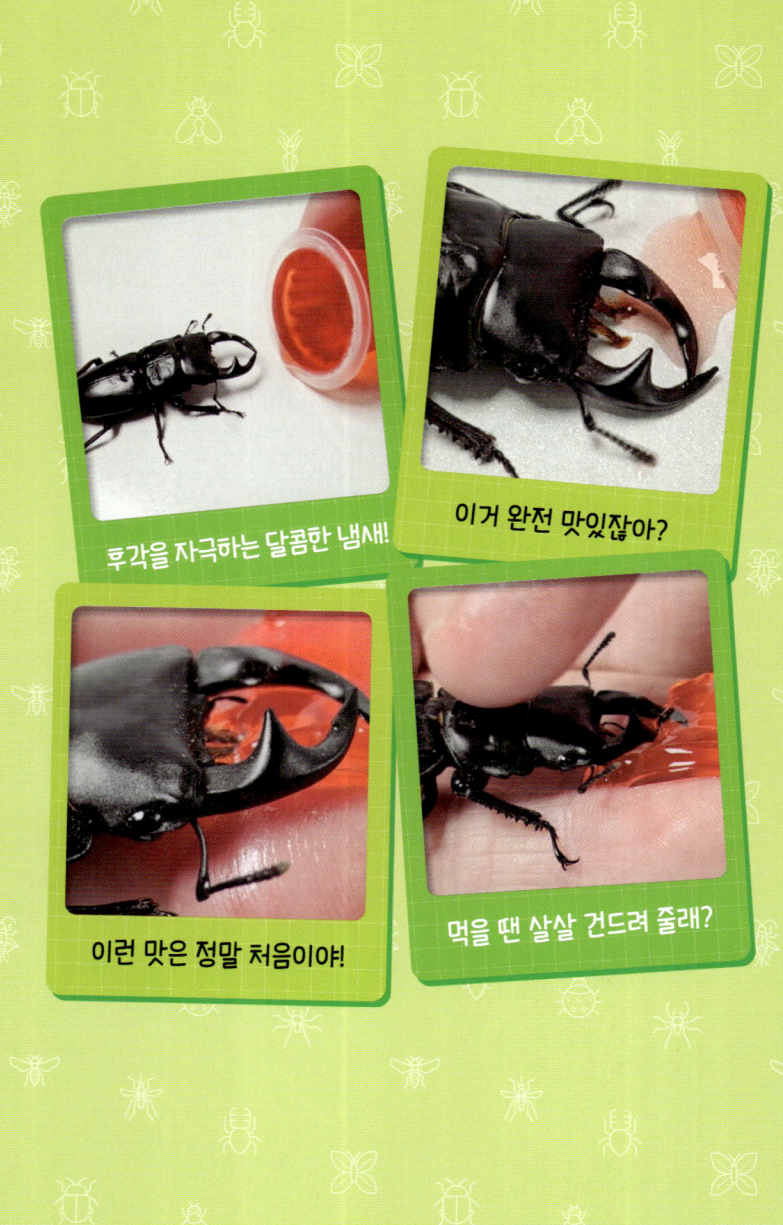

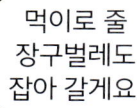

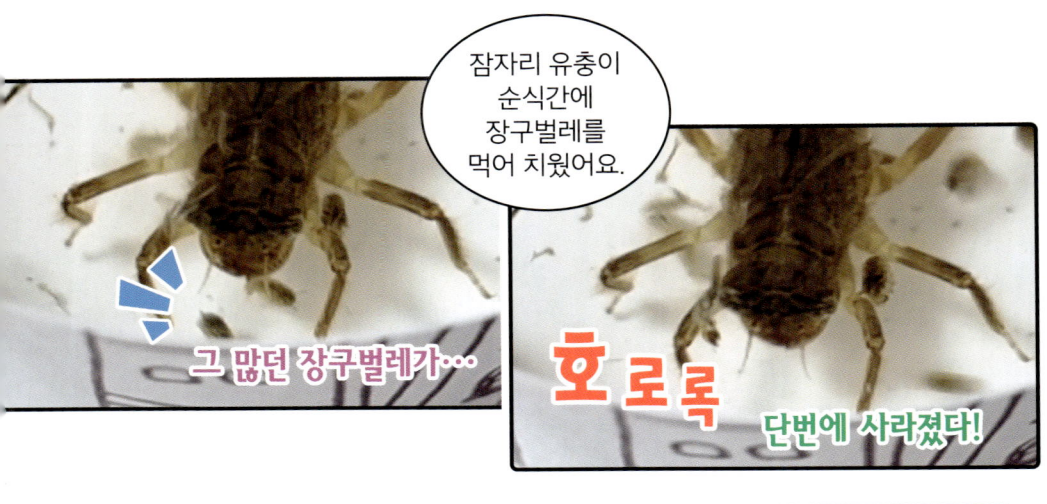

잠자리 유충이 순식간에 장구벌레를 먹어 치웠어요.

그 많던 장구벌레가…

호로록 단번에 사라졌다!

수서 곤충

물속에서 사는 곤충을 통틀어 수서 곤충이라고 해요. 수서 곤충은 하루살이, 잠자리, 모기처럼 애벌레와 번데기 시기만 물속에서 지내는 것과 물방개, 소금쟁이처럼 일생을 물속이나 수면에서 사는 것으로 나눌 수 있지요.

둥실 둥실

장구벌레는 평상시에 이렇게 물에 떠 있으며,

한 쌍의 호흡관을 내밀어서 호흡해요.

동그랗게 생긴 건 모기 번데기예요.

빠르면 몇 시간 뒤에 모기 성충이 되기도 하지요.

모기 번데기

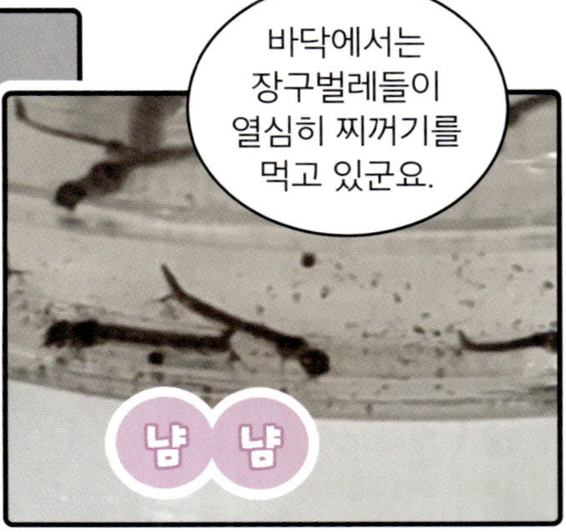

바닥에서는 장구벌레들이 열심히 찌꺼기를 먹고 있군요.

냠 냠

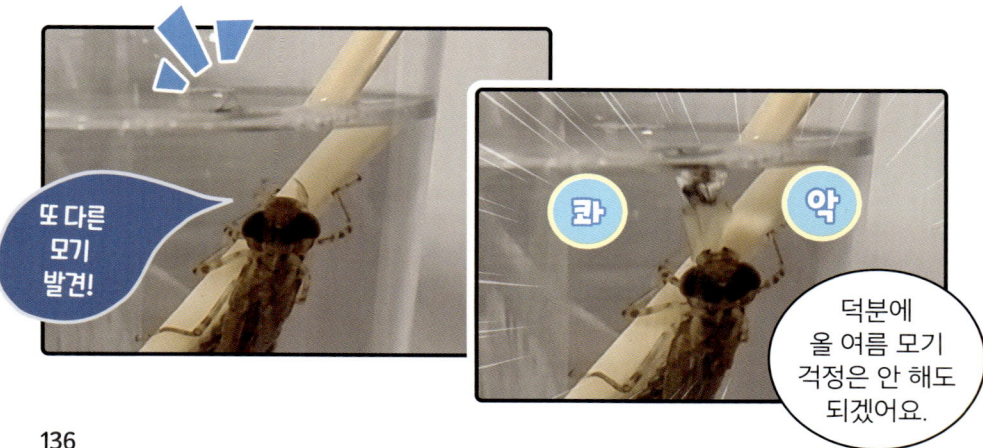

no. 005

GROW ★★☆

왕잠자리
Anax parthenope

분류	잠자리목 왕잠자리과
크기	뒷날개 길이 약 50~55mm
먹이	여러 가지 곤충 등
출현 시기	4월~5월, 8월~10월
서식지	냇가, 호수

특징

사진은 왕잠자리의 애벌레이다. 머리·얼굴·뒷머리는 초록빛을 띤 누런색이고 이마혹은 흑갈색이다. 가슴은 초록색으로 무늬가 거의 없다. 배의 제1마디와 제2마디 등 쪽의 색은 암수가 다르다. 수컷은 연한 푸른색, 암컷은 누런빛을 띤 초록색을 띠며 배의 밑부분에 은백색 광택이 난다.

암컷과 수컷은 짝짓기를 마친 후, 서로 붙어서 날아다니다가 연못, 저수지, 늪 등에서 자라는 수생 식물에 산란관을 꽂고 알을 낳는다. 애벌레 시절에는 물속에서 지내다가 물 밖으로 나와 우화한다.

한국, 일본, 타이완, 중국 등지에 분포한다.

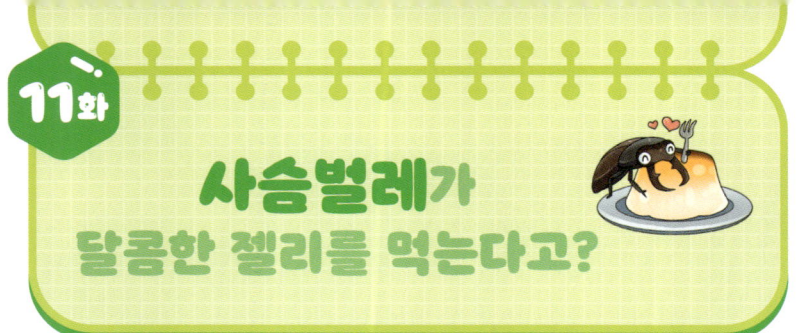

11화 사슴벌레가 달콤한 젤리를 먹는다고?

얼마 후

사슴이는 근사한 사슴벌레가 되었어요.

나 멋지지?

장수풍뎅이

장수풍뎅이도 사슴벌레와 함께 인기가 많은 곤충 중 하나인데,

장수풍뎅이의 수명은 겨우 2~3개월 정도예요. 곤충에게는 2개월이라는 시간도 꽤 길지만 제겐 너무 짧아 아쉬워요.

반면, 사슴벌레의 수명은 무려 3년이라고 해요.

사슴아, 우리 오래오래 함께 지내자~!

잘 부탁해!

용화와 우화

용화는 유충이 탈피하여 번데기로 탈바꿈하는 과정을 일컫는 말이에요. 또 우화는 곤충이 탈피를 거쳐 성충이 되는 과정을 뜻하지요. 우화 과정은 곤충마다 달라요. 누에 같은 곤충은 번데기에서 탈피하는 반면 잠자리처럼 번데기를 거치지 않고 유충에서 탈피하여 성충이 되는 곤충도 있어요.

no. 006

BASIC ★☆☆

사슴벌레
Lucanus maculifemoratus

분류	딱정벌레목 사슴벌레과
크기	수컷 몸길이 약 40~70mm, 암컷 몸길이 약 30~43mm
먹이	참나무 진액 등
출현 시기	늦은 봄~초가을
서식지	산지

특징

몸 색은 황갈색이나 흑갈색을 띠는데 암컷의 색이 더 진하다. 등딱지날개는 가는 황금색 잔털로 덮여 있다. 머리 뒤쪽은 코끼리의 귀처럼 넓으며, 굵고 강한 큰턱은 아래쪽을 향해 있다. 애벌레는 번데기가 되기 위해서 자신이 먹고 자라던 나무 근처의 땅속으로 이동한 후 번데기방을 만들어 번데기가 된다. 어른벌레로 겨울을 나고 6월이 되면 활동을 시작한다. 6월 말부터 7월에 걸쳐 짝짓기를 한 후, 7월 말부터 알을 낳기 시작하여 8월말이면 대부분 알 낳기를 끝낸다. 알에서 부화한 애벌레는 2~3년에 걸쳐 어른벌레로 변화한다.

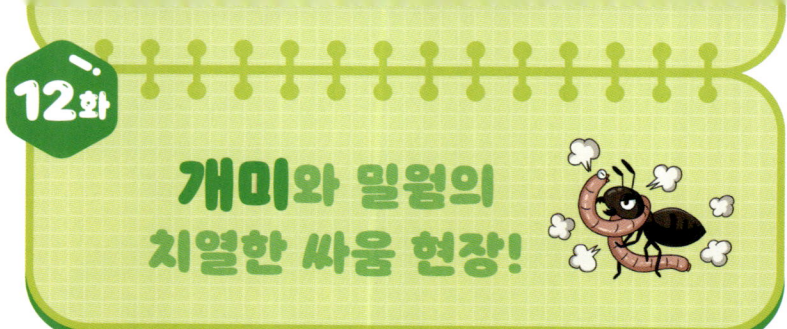

밀웜과의 전투가 이렇게 치열할 줄 몰랐어요.

어쨌든 개미들이 다치지 않고 상황이 마무리 되어서 다행이에요.

다들 고생했다!

전투 후 먹는 밥이 최고야!

냠 냠

개미집의 구조

개미는 땅속에 집을 지어요. 집에는 방이 여러 개이고, 방과 방은 통로로 이어지지요. 방은 여러 종류예요. 알, 애벌레, 번데기가 자라는 방이 있고, 먹이를 저장하는 방, 쓰레기를 버리는 방, 진딧물을 기르는 방도 있어요. 가장 중요한 방은 알을 낳는 여왕개미의 방이에요. 여왕개미의 안전을 위해 보통 가장 깊은 곳에 만든답니다.

다 먹은 밀웜 껍데기는 구석에 놓았네요.

여기서는 여왕개미와 일개미가 영양 교환을 하고 있어요.

대체로 영양 교환을 받는 것은 여왕개미이지만 때로는 여왕개미가 일개미에게 영양을 나눠 주기도 해요.

놀라운 개미들의 사회성!

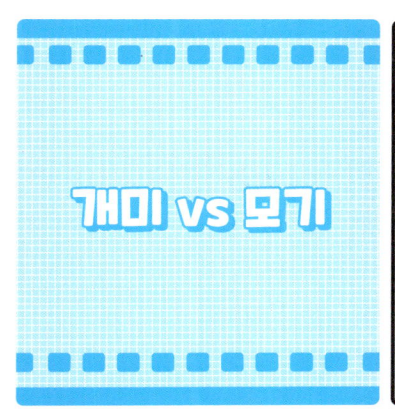

no. 007

GROW ★★☆

개미
Formicidae

분류	벌목 개미과	크기	약 2~10mm
먹이	과일, 꿀, 여러 가지 곤충		
서식지	땅속, 숲, 마을		

특징

몸은 머리·가슴·배로 나뉘며 더듬이가 있다. 턱은 잘 발달되어 튼튼하고 다리는 세 쌍이다.

학자들은 가장 오래된 화석을 통해 개미가 처음 출현한 시기가 중생대 백악기 중·후기일 것이라고 추정한다.

주로 땅속이나 고목 같은 곳에 둥지를 틀며 여럿이 모여 사회를 이루며 살아간다. 개미 사회는 여왕개미·수개미·일개미로 구성된다. 일개미는 식량을 모으고 사냥을 하거나 새끼 개미들을 기르는 일을 담당하고, 여왕개미는 산란을 한다. 개미의 수명은 종류에 따라 매우 다른데 여왕개미는 5~10년, 일개미는 약 1년, 수개미는 약 6개월 정도이다.

곤충은 어떻게 채집해야 할까요?

초등 과학 5-2 생물과 환경

자연 상태에 있는 곤충을 잡는 것을 곤충 채집이라고 해요.
곤충을 채집한 후에는 연구하기 위해 표본을 만들기도 하고, 생태와 습성을 관찰하거나 함께 지내기 위해 사육하기도 하지요. 곤충을 채집하고 사육하는 방식은 곤충마다 달라요.
그렇다면 각각의 곤충은 어떤 방법으로 채집해야 할까요? 그리고 곤충을 잘 사육하려면 어떤 점을 신경 써야 할까요? 우리 함께 올바른 곤충 채집과 사육 방법을 알아봐요.

Q 올바른 곤충 채집 방법은?

A 나비나 나방류는 포충망을 이용해 채집해요. 곤충이 날아가거나 앉아 있을 때 포충망을 휘둘러서 잡는 거예요. 잘못하면 날개가 손상될 수 있으니 망이 부드러운 것을 사용하는 것이 좋아요. 반면 딱정벌레, 먼지벌레 같은 야행성 곤충은 함정을 만들어서 채집해요. 유리병에 썩은 고기 같은 먹이를 넣고 병의 입구가 땅바닥과 수평이 되도록 묻어요. 그러면 냄새를 맡은 곤충들이 병 속으로 들어가지요. 이밖에 나무 같은 곳에 곤충들이 좋아하는 과일즙을 발라 유인해서 잡거나 나뭇가지를 두드려서 나무에 사는 곤충을 떨어뜨려 잡는 방법도 있어요.

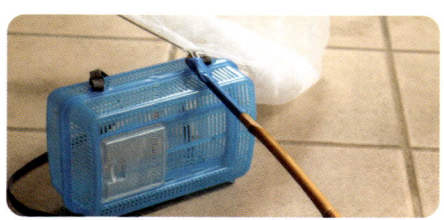
곤충 채집 도구

포충망으로 나비를 잡는 어린이

흥미 팡팡 곤충 이야기

Q 곤충을 잘 사육하려면?

A 집에서 곤충을 사육하려면 모든 조건이 최대한 자연과 비슷하도록 만들어 주어야 해요. 사육 방법은 곤충의 상태에 따라 다른데 잎을 먹는 곤충이라면 철망을 친 사육 상자에 물그릇, 풀 같은 것을 넣어 주어야 해요. 탈지면에 물을 넣어 주면 곤충이 수분을 보충할 때 도움이 되지요. 그늘에 숨어 사는 곤충에게는 나무나 돌로 숨을 장소를 만들어 주고, 풀밭에 사는 곤충에게는 화분에 풀을 심어 넣어 줘요. 개미처럼 땅속에 사는 곤충의 사육 상자에는 흙을 넣어 주고 빛이 들어가지 않게 해 줘야 해요.

딱정벌레의 집을 만들어 주는 어린이들

흥미 팡팡 곤충 이야기

반려견 대신 반려곤충?

곤충과 함께 사는 사람들의 수가 늘어나고 있어요. 반려곤충으로 특히 인기가 많은 곤충은 개미, 무당벌레, 장수풍뎅이, 사슴벌레 등인데 곤충의 행동, 소리 등을 관찰하며 교감하면 호기심이 자극되고 마음 안정에 도움이 된다고 해요. 하지만 반려곤충의 인기가 커진 만큼 쉽게 곤충 사육을 포기하고 자연으로 방사해 버리는 상황도 점점 늘어난다고 해요. 곤충을 함부로 방사하는 것은 생태계 파괴의 원인이 될 수 있으며 곤충에게도 무책임한 행동이라고 할 수 있어요. 그러니 반려곤충을 들일 때는 곤충의 습성을 정확하게 파악한 뒤 책임 의식을 가지고 끝까지 돌볼 각오를 해야겠지요.

제발돼라 곤충 정보 왕

가지각색 별난 곤충들

세상에 이런 곤충이? 상상을 초월하는
독특한 특징을 가진 다양한 곤충들을 함께 알아봐요.

세상에서 제일 무거운 곤충

골리앗왕꽃무지는 최대 몸길이가 110mm에 달할 정도로 거대해요. 그만큼 무게도 엄청나서 세계에서 가장 무거운 곤충이라고도 알려져 있어요. 유충의 무게만 100g에 달하지요. 이름의 '골리앗'은 성경에 등장하는 거인의 이름에서 따온 거예요.

아주 긴 앞다리를 가진 곤충

롱기마누스앞장다리하늘소는 정말로 긴 앞다리를 가졌어요. 일반적으로는 수컷이 암컷보다 긴 앞다리를 가지는데 큰 수컷의 경우 앞다리 길이가 최대 15cm까지 된다고 해요. 종명 'longimanus'는 라틴어로 '길이가 긴(Longus)'+'팔(Manus)'이라는 뜻이에요.

세상에서 가장 큰 곤충

그리스 신화에서 힘이 가장 센 영웅인 '헤라클레스'의 이름을 이어받은 **헤라클레스왕장수풍뎅이**는 세계 최대의 곤충으로 알려졌어요. 비공식 기록이지만 최대 몸길이가 180mm나 된다고 해요. 아주 길고 단단한 뿔을 가진 것이 특징이에요.

화려한 꽃을 닮은 곤충

게마투스꽃사마귀는 독특하고 화려한 색과 꽃을 닮은 모습으로 유명해요. 암컷의 앞날개에는 눈알처럼 보이는 무늬가 있는 게 특징이지요. 평소에는 꽃으로 위장해 있다가 접근하는 나비나 파리, 벌 같은 곤충들을 잡아먹는다고 해요.

세상에서 가장 아름다운 나방

마다가스카르비단제비나방은 세상에서 가장 아름다운 나방으로 꼽힐 정도로 근사한 나방이에요. 날개의 색이 매우 아름다운데 사실 날개에는 색소가 없다고 해요. 날개의 색은 빛이 굴절하여 나타나기 때문에 각도에 따라 다르게 보이지요.

보석처럼 빛나는 곤충

태국곱추비단벌레는 아름답게 빛나는 금속 빛깔 딱지날개를 가졌어요. 사람들은 이 아름다운 딱지날개로 공예를 하거나 액세서리를 만들기도 하지요. 태국 일부 지역에서는 날개를 뗀 후 기름에 튀겨 식용으로 이용하기도 해요.

제발돼라 곤충 퀴즈 왕

 아래 보기를 잘 읽고, 빈칸을 채워 가로 세로 퍼즐을 완성해 보세요.

가로 열쇠
② 꽃 안으로 들어가지 않고 바깥에서 꿀샘에 촉수를 찔러 꿀을 빨아 먹는 벌.
④ 생물이 살아가는 모양이나 상태.
⑤ 짝짓기를 할 때 수컷을 잡아먹기도 하는 곤충으로, 키위가 이 곤충이다.

세로 열쇠
① 다른 동물의 공격을 피하고 자신을 보호하기 위하여 주위와 비슷하게 바꾸는 몸의 색깔.
③ 어떤 사물이나 곤충을 흉내 내는 것.
⑥ 생물이 자라도록 먹여서 기르는 것.

문제를 잘 읽은 뒤, 곤충 상식이 맞으면 ○, 틀리면 ×에 체크해 보세요.

① 곤충은 절지동물문에 속한다. ○ ×

② 수컷 사마귀는 짝짓기가 끝난 후 암컷을 잡아먹는다. ○ ×

③ 독침을 쏘는 벌은 모두 수컷이다. ○ ×

④ 가랑잎벌레는 의태해서 살아남는다. ○ ×

⑤ 딱정벌레를 채집하려면 포충망을 사용하는 것이 좋다. ○ ×

문제를 잘 읽은 뒤, 빈칸에 핵심 단어를 써 보세요.

① 잡아먹히는 생물의 입장에서 보았을 때 그 생물을 잡아먹는 다른 생물을 □□이라고 한다.

② □□□는 종족의 번식을 위해 암컷과 수컷이 만나 짝을 이루는 행위이다.

2000만 명 다운로드, 무료게임 인기순위 1위

무한의 계단을 수학 학습 만화로 만나다!

초등 필수템 수학과 친해지는 특별한 방법

1 재미와 지식을 모두 잡은 본격 수학 학습 만화!

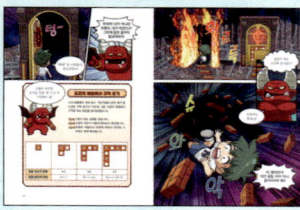

2 초등 필수 수학 개념 완벽 정리!

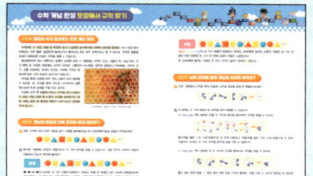

3 지식의 폭을 넓히는 융합 수학 이야기 수록!

INFINITE STAIRS © NFLY STUDIO, All Rights Reserved.　　문의 전화 : (02)791-0752　서울문화사

2000만 명 다운로드, 무료게임 인기순위 1위

무한의 계단을 세계사 학습만화로 만나다!

유럽 문화의 중심지이자, 혁명으로 자유와 평등을 외친 프랑스 역사 속으로 시간 여행 중인 한이와 단이, 그리고 피니!

프랑스 속으로 GO!

GO 2 프랑스 가이드

1일차 재미있게 만화를 읽기만 해도 세계사 지식이 쏙쏙!

2일차 주요 역사 인물과 사건 친해지기!

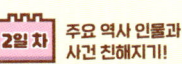
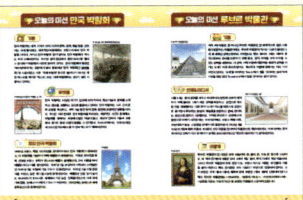

3일차 OX 퀴즈와 활동지로 실력 점검!

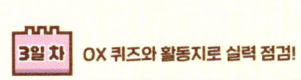

INFINITE STAIRS ⓒ NFLY.S

구입문의 : (02)791-0752(출판마케팅)

서울문화사

급상승 인기 유튜브 채널 집사TV 오리지널 스토리북 대 출간!

"그럼 우리 집을 버리고 나가야 하는 거야?"

어느 날 대저택의 방문에서 튀어나온 무시무시한 괴생명체들! 집사와 식구들은 방문이 닫힐 때까지 잠시 대저택을 떠나 있기로 하고…

대저택으로 돌아오기 위한 집사와 식구들의 환상적인 여정이 시작된다!

원작 집사TV 글 김수경 그림 권수영 정가 14,000원

영상에선 보지 못한 대저택 식구들의 흥미진진한 이야기가 가득!

©집사TV. ALL RIGHTS RESERVED. ©SANDBOX NETWORK Inc. ALL RIGHTS RESERVED. 구입문의 : 02-791-0752 (출판마케팅) 서울문화사

오리지널 레벨업 코믹북
18권 대출간!

오븐을 탈출한 쿠키들, 왕국의 모험가가 되다!

꿈세계에 도착해 **달빛술사 쿠키**를 찾은 용감한 쿠키 일행!
그러나 어쩐 일인지 그에게 다가갈 수 없어 당황하고 마는데…!

어둠마녀 쿠키의 부하들은 마침내 숲속 깊은 곳에 봉인되어 있던 **다크초코 쿠키**를 찾아낸다!

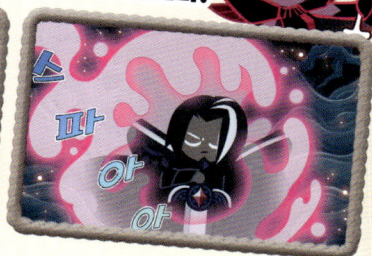

쿠키런 킹덤은?

하나. 쿠키런 킹덤에서 펼쳐지는
두근두근 설레는 **모험** 이야기

둘. 용감한 쿠키와 친구들이 보여 주는
우정과 용기의 **인성** 이야기

셋. 이야기에 쏙 빠져들면 나도 모르게
이해되는 똑똑한 **논리** 이야기

© Devsisters Corp.

서울문화사

SBS 동물농장TV × 애니멀봐
오리지널 콘텐츠 '쪼꼬미 동물병원' 공식 동물 만화 백과로 대출간!

NEW

만화로 즐겁고 재미있게 배우는 동물 지식!

동물에 대한 정보를 쏙쏙 알려 주는 특별 학습 페이지 수록

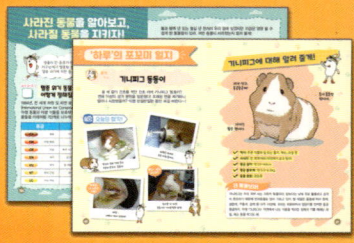

SBS 동물농장TV × 애니멀봐
오리지널 콘텐츠 '쪼꼬미 동물병원'을 공식 동물 만화 백과로 만나자!

★ 애니멀봐 유튜브 채널 구독자 수 489만 명

SBS TV 동물농장 자문위원 최영민 수의사 감수 & 추천 도서

copyright ©SBS. Corp ALL RIGHTS RESERVED   서울문화사 구입문의 (02)791-075

정답

1 ① 보호색　② 어리호박벌　③ 의태
　④ 생태　⑤ 왕사마귀　⑥ 사육

2 ① ○　② ×　③ ×　④ ○　⑤ ×

3 ① 천적　② 짝짓기